AF259792

SOUVENIRS

DU

CARMEL DE LILLE.

LILLE

IMPRIMERIE A. BÉHAGUE, RUE DE PARIS, 17.

— 1869. —

SOUVENIRS DU CARMEL

DE LILLE.

UNE PRISE D'HABIT

(18 AVRIL 1868).

> Jamais depuis que le christianisme existe,
> ces sacrifices n'ont été plus nombreux, plus
> magnanimes, plus spontanés qu'aujourd'hui.
>
> (DE MONTALEMBERT, *Moines d'Occident.*)

C'est le spectacle d'un de ces héroïques sacrifices dont parle le grand écrivain catholique que nous voulons essayer de retracer ici, en quelques mots courts et simples.

Aujourd'hui même, Mlle Amélie Droüart de Lézeÿ de Douai, a revêtu l'habit de sainte Térèse, au Carmel de Lille. La cérémonie religieuse devait commencer à neuf heures. Bien avant le moment fixé, l'humble chapelle se remplissait d'une foule pieuse, émue déjà, venue là pour s'édifier par l'exemple sublime d'une immolation volontaire.

Au premier rang, en face du sanctuaire, se trouvait rassemblée toute la famille de la jeune fiancée de Jésus-Christ : son père, très-honorable Magistrat, Conseiller à la Cour Impériale de Douai ; sa mère, généreuse chrétienne à qui Dieu, moins de quatre semaines auparavant avait demandé un douloureux sacrifice ; puis sa sœur, unie depuis six mois à peine, à un digne et éloquent Magistrat ; et enfin ses trois frères : l'un lieutenant dans un régiment de ligne, décoré de l'Ordre de Pie IX, à la suite de la glorieuse journée de Mentana ; le second, à vingt-six ans, lieutenant de vaisseau, tous deux en grande tenue ; le plus jeune, enfin, récemment entré au séminaire d'Issy et portant depuis huit jours seulement l'habit ecclésiastique. Plusieurs amis, parmi lesquels nous avons distingué M. le Procureur-Général, près la Cour Impériale de Douai, étaient venus témoigner, par leur présence, de leurs sympathies pour la famille.

La jeune vierge était dans le sanctuaire, au pied de l'autel, agenouillée sur un prie-Dieu. Elle était là, dans sa blanche parure de fiancée, couverte d'un voile qu'une couronne de roses retenait fixé sur son front ; elle était là, « étincelante et charmante , avec un sourire angélique, rayonnante de grâce et de fraîcheur. Fière de sa riante et dernière parure , vaillante et radieuse , elle attendait avec une ardeur sereine, le moment de courber la tête sous un autre voile qui sera un joug pour le reste de sa vie, mais qui sera la couronne de son éternité. »

Le saint Sacrifice commença. De jeunes aveugles de l'Institution des Filles de la Sagesse chantèrent quelques pieux motets pendant la célébration des saints Mystères. Au moment de la communion, la future enfant du Carmel sortit du sanctuaire, et alla s'agenouiller à la Table Eucharistique pour y recevoir, le Choisi, le Préféré de son cœur, Jésus, l'Epoux des âmes vierges. Puis à sa gauche vint s'agenouiller son père... puis aussi son héroïque mère... Les yeux des assistants s'emplirent de larmes devant cet acte de foi, devant cette communion à l'amour et au sacrifice. Mais l'émotion devint générale lorsqu'on vit tous les membres de la famille, sans exception, les deux officiers en grande tenue, s'avancer respectueusement, et prendre place à la suite , sur un même rang, pour recevoir le Dieu du Carmel qui est aussi le Dieu des armées. Tous étaient là; il ne manquait qu'une jeune sœur. Mais les vêtements noirs de la pauvre mère disaient clairement la cause de cette absence. Quelques semaines auparavant, la jeune vierge , à dix-huit ans, avait pris son essor vers un monde meilleur. Dieu l'avait appelée auprès de lui , au Ciel, dans ce Carmel de la gloire et de l'amour, où se célèbrent des noces perpétuelles. Dirons-nous qu'elle resta étrangère à la scène touchante que nous avions sous les yeux ? Non, nous ne le croyons pas. Son esprit, son cœur, en ce moment étaient au milieu des siens.

La famille religieuse dans laquelle allait entrer la vaillante enfant, voulut s'unir aussi à cette communion sublime ; et le prêtre traversa toute la chapelle, au milieu de l'assistance respectueuse et inclinée sous le poids d'une indicible émotion , pour porter la sainte Eucharistie à quelques filles de sainte Térèse, placées derrière la grille du cloître.

Le saint Sacrifice terminé , M. l'abbé Crombé , missionnaire apostolique, ami particulier de la famille, parut dans la chaire. Son allocution fut simple et vraie comme le demandait la circonstance. Se plaçant au point de vue le plus élevé de la foi , il engagea la jeune vierge, en ce jour de glorieux sacrifice, à dire, en son cœur, l'hymne de l'action de grâce , le *Te Deum* de la reconnaissance, au souvenir de toutes les attentions délicates de la Providence à son égard. Il lui rappela la grâce de son baptême; la joie pure de ses premières années , tout embaumées d'affection et de vertu , dans la maison paternelle; le bonheur d'une éducation solidement religieuse ; le privilége enfin d'une vocation sainte et sublime qui la séparait du monde pour la donner à Dieu.

Bien des larmes , des larmes douces et sans amertume, des larmes de sympathie et d'admiration , tombèrent des yeux de toute l'assistance, quand le prédicateur rappela avec quelle générosité chrétienne, rare à notre époque , le père et la mère, encore entourés il y a un an,

d'une couronne d'enfants, leur consolation et leur joie, seuls aujourd'hui, avaient répondu à son pieux désir. « Allez, ma fille, lui
» avaient-ils dit; suivez votre sainte vocation; allez où Dieu vous
» appelle, et priez pour nous. »

Aussitôt après cette allocution, le vénérable père alla offrir son bras à la vaillante jeune fille, émue mais radieuse comme la fiancée que l'on mène à l'autel. Ils traversèrent ainsi tout la longueur de la chapelle, suivis des membres de la famille, et se rendirent à la clôture où devait se compléter la cérémonie.

Arrivé à l'entrée du cloître, le père fit abandon de son enfant entre les mains de la Supérieure qui la reçut au nom de Jésus-Christ. Toutes les sœurs l'attendaient dans la cour pour lui donner la bienvenue de l'affection et de la piété. L'une d'elles lui présenta la croix. Elle se mit à genoux et la baisa avec amour, avec bonheur. La croix maintenant, n'est-elle pas tout pour elle? N'est-elle pas toute sa famille, et son père et sa mère, et ses frères et ses sœurs? Jésus-Christ sur la croix n'est-il pas son fiancé, son époux aujourd'hui, demain et durant toute l'éternité?

Pendant que cette scène touchante se passait dans la cour du cloître, la famille était venue se placer dans la chapelle, en avant de la grille, dont les voiles avaient été levés. Tous les regards étaient tournés de ce côté. Bientôt on entendit, derrière le chœur de clôture, le chant plaintif et monotone des Filles du Carmel; une porte s'ouvrit dans le fond; la voilà! Elle est toujours vêtue de sa blanche parure de fiancée, accompagnée des religieuses dans leur sombre et sévère costume de pénitentes. Que de pensées tumultueuses, tristes, touchantes s'éveillent dans l'âme devant ce contraste. Elle aurait pu.... mais non. La voilà qui s'approche. Elle vient s'agenouiller, toujours calme et souriante, à deux pas de sa famille, mais de l'autre côté de la grille.

« Ma fille, lui demande le prêtre au nom de l'Eglise, que voulez-
» vous? »

« R. — La miséricorde de Dieu, la pauvreté de l'Ordre et la com-
» pagnie des Sœurs. »

« D. — Venez-vous de votre plein gré, librement et volontairement
» recevoir l'habit de cette Religion? »

« R. — Oui. »

« D. — Avez-vous la volonté de persévérer jusqu'à la fin de votre
» vie, en cette sainte Religion? »

« R. — Oui, jusqu'à la fin. »

« D. — Voulez-vous donc entrer en cette sainte Religion, pour le
» seul amour de Jésus-Christ? »

« R. — Oui, avec la grâce de Dieu et les prières des Sœurs. »

Après ces interrogations et ces réponses, simples et solennelles tout à la fois et d'ailleurs pleines d'enseignements, la jeune postulante se retira vers le cloître. La Supérieure lui ôta sa parure mondaine pour lui faire revêtir le saint habit du Carmel, la robe, la cotte et le petit voile, livrée pauvre mais glorieuse des Filles de Sainte-Térèse.

Elle reparut ensuite, transfigurée, ayant brisé avec le monde et rejeté loin d'elle et ses pompes et ses vanités. Elle vint reprendre sa place derrière la grille, et reçut des mains de la Supérieure, les autres parties de son vêtement, que le prêtre bénissait successivement, la ceinture, le scapulaire et le manteau.

La voilà, Fille du Carmel, morte au monde, à ses préoccupations, à ses affections, à ses souvenirs, à ses espérances ; la voilà qui se prosterne maintenant, la face contre terre, au milieu du chœur de clôture, pour remercier Dieu d'avoir accepté son sacrifice ; elle reste ainsi, étendue comme une victime, pendant tout le temps que les religieuses, sur ce ton lent et qui semble mourir à chaque note, chantent le *Veni Creator*. Je n'ai pas besoin de dire les émotions de l'assistance devant cette scène émouvante, en présence de cette jeune fille, tout à l'heure brillante et fière, maintenant couchée par terre, préférant à toutes les promesses de la vie, l'humilité, la prière, le sacrifice, la croix de Jésus-Christ.

Les chants terminés, elle se leva, alla baiser l'autel d'abord, comme font de jeunes époux après la bénédiction nuptiale ; puis elle embrassa successivement toutes les Sœurs de la communauté, sa nouvelle famille, en réclamant le secours de leurs prières. Et toutes ensemble, de cette voix qui n'a retenu que deux notes des harmonies de la terre, elles dirent ce touchant cantique si bien approprié à la circonstance : « *O quam bonum et quam jucundum, fratres* » *habitare in unum.* » — O qu'il est bon, qu'il est délicieux pour des frères d'habiter ensemble.

« Dieu fait descendre ses bénédictions sur la maison qu'habitent » les frères, et il assure à ceux-ci le salut éternel.... »

La cérémonie était terminée. Les religieuses se retirèrent lentement, en psalmodiant le *Deus misereatur nostri et benedicat nobis :* « Que le Seigneur ait pitié de nous et qu'il nous bénisse. »

Allez, nobles vierges, chastes héroïnes, rentrez maintenant dans le silence et la paix de votre cloître. Priez pour ce que le monde ne prie pas ; réparez nos indifférences par les ardeurs de votre amour ; expiez nos sensualités par vos immolations. Soyez les anges tutélaires d'ici-bas, et que Dieu, en vous voyant, soit désarmé et se souvienne de ses miséricordes.

Le chœur de clôture était vide ; la porte du fond s'était refermée sur la dernière religieuse ; tous les chants avaient cessé, et la foule regardait et écoutait encore. Elle s'écoula enfin, lentement et en silence, emportant au fond du cœur des impressions profondes et un souvenir ineffaçable de la scène émouvante qu'elle venait d'avoir sous les yeux.

UNE PRISE DE VOILE

(23 avril 1869).

> C'en est fait !... Elle a franchi l'abîme avec cet élan, cet essor, ce magnanime oubli de soi qui est la gloire de la jeunesse.... Elle a courbé la tête sous ce voile qui sera un joug pour le reste de sa vie, mais qui sera la couronne de son éternité.
>
> (De Montalembert, *Moines d'Occident*).

Une année a passé depuis que nous avons dit et nos souvenirs et nos impressions sur une Prise d'habit au Carmel de Lille. Dieu vient de nous accorder, il y a quelques jours, la consolation d'assister et même de prendre part à la cérémonie non moins touchante de la *Prise de voile*. Nous croyons que nos lecteurs nous sauront gré de compléter notre premier récit, en leur communiquant simplement ce que nous avons vu.

C'est le 22 avril dernier que Melle Amélie Droüart de Lézey, en religion Sœur Térèse de Jésus, a fait sa Profession religieuse au Carmel, et le lendemain qu'elle a reçu solennellement le voile des Filles de sainte Térèse. Nous ne pouvons rendre compte que de cette dernière cérémonie, qui seule a été publique.

Quelques semaines auparavant, la pieuse enfant avait vu tomber devant elle les barrières de la clôture, pour se réunir une dernière fois à sa famille, dans la pleine possession d'elle-même et l'entière jouissance de sa liberté. — Je n'oublierai pas le moment où son vénérable père, sa généreuse mère, son frère aîné, se tenaient, haletants, devant la porte de clôture, sur laquelle le monde croit lire ces lugubres paroles du Dante : « *Voi che intrate, lasciate ogni speranza ;* » mais sur laquelle aussi les Filles du Carmel écriraient volontiers :

> Ici viennent mourir les derniers bruits du monde !
> Nautonniers sans étoile, abordez ; c'est le port !
> Ici l'âme se plonge en une paix profonde,
> Et cette paix n'est point la mort !

Nous étions donc là, tous... dans l'attente. Soudain, la lourde porte, qui paraît toujours si dure, si froide aux cœurs des mères, s'ouvre.... C'est elle ! avec le voile blanc des vierges.... La voilà qui s'élance, qui tombe dans les bras de sa famille, donnant, recevant avec un abandon charmant, ces caresses, ces baisers dont elle a été sévrée pendant toute une année. C'était bon à voir, ces épanchements d'âmes généreuses qui ont fait à Dieu, pour le ciel, le sacrifice des plus pures, des plus légitimes affections, et qui se retrouvent un moment sur la terre.... Heureux témoin de ces expansions si vraies de l'amour, nous sentions qu'il y avait comme des larmes dans nos yeux....

On a dit souvent, et beaucoup de personnes ont répété que la vie religieuse était l'endurcissement, l'insensibilité et même la mort du cœur. C'est un suicide moral, dit le monde ; la religieuse doit tout oublier. Il faut qu'elle reste étrangère à sa famille, à son père, à sa mère, à ses amis ; il est défendu à son cœur de battre encore sous l'influence des plus doux sentiments de la nature : ce cœur doit mourir et se dessécher, sous la pression incessante d'une règle froide, inflexible, comme ces cadavres qui nous viennent d'Egypte, sans expression et sans couleur. — Nous avions la preuve touchante du contraire. Non ; l'amour avec ses souveraines délicatesses, le dévoûment avec toutes ses énergies ne sont pas inconnus aux Filles du Carmel ; et devant la scène attendrissante que nous avions là sous les yeux, il nous revenait à l'esprit ces éloquentes paroles de l'éminent publiciste que nous avons nommé en commençant : « Dans le cloître, dans le vrai sacrifice, dans la mortification suprême, l'affection humaine ne perd aucun de ses droits ; ils sont tous respectés, mais tous épurés, tous transformés en offrande à Dieu qui a promis de nous consoler plus qu'une mère. Le bonheur d'être à Dieu ne ferme point un cœur bien né aux peines d'autrui et ne l'isole d'aucune émotion généreuse. Ce cœur devient au contraire plus tendre et plus intimement occupé de ceux qu'il aime à mesure qu'il s'enlace d'une étreinte plus passionnée au cœur de Jésus. » — Ô pères ! O mères ! Parents généreux qui souffrez tant peut-être à la crainte de l'oubli, mille fois plus pénible pour vous que la séparation, consolez-vous ! Non ; la religion ne dessèche pas, n'endurcit pas le cœur. Vous n'êtes pas oubliés ; vous ne cessez pas d'être aimés ; vous êtes aimées encore, bonnes mères, de votre douce et héroïque enfant ! L'amour de Jésus qu'elle a préféré à tout, n'a fait qu'envelopper ses affections humaines, sans les détruire, pour les élever avec lui jusque dans ces régions inaccessibles, où l'on ne connaît ni changements, ni éclipses.

Nous avons pu aussi constater, une fois de plus, en cette circonstance, une vérité sur laquelle, du reste, nous n'avions aucun doute, mais que le monde méconnaît étrangement. Nous voulons parler de la joie profonde, de la douce gaîté des âmes qui vivent dans le cloître.

Oh ! Que les hommes se trompent sur ce point ! Que d'erreurs acceptées ! Que de calomnies propagées !! On parle de pauvres victimes, colombes toujours gémissantes dans leur sombre prison, ne se nourrissant plus que de leurs larmes, ne vivant plus que par leurs regrets. Mensonge ! Mensonge ! Nous avions là, sous nos yeux, et ce n'est pas la première fois que ce spectacle nous est donné, l'image rayonnante du bonheur. Après l'initiation, toujours pénible, à la vie religieuse, et les sévères épreuves d'une année de Noviciat, au Carmel, la jeune fiancée du Christ n'avait rien perdu de son enjouement, rien de sa vivacité naturelle, si ce n'est peut-être que sa joie s'était empreinte de quelque chose de plus intime et de plus doux. Comme il y avait, dans son âme, la délicieuse paix de l'innocence, il y avait toute la sincérité du sourire sur son visage ; on ne pouvait

s'y tromper, elle était heureuse ; et son bonheur se manifestait si
naturellement qu'il arracha ce touchant aveu à la pieuse mère :
« O mon enfant, tu es bien la plus heureuse. Dieu nous a bénis tous,
» cependant. Il a béni tes frères et ta sœur.... Mais, que de préoc-
» cupations nous assiégent à chaque instant ! Notre bonheur présent
» est sans cesse affligé par les inquiétudes de l'avenir... Pour toi, tu
» as choisi la meilleure part ! »

Je ne sais si c'est un usage du Carmel ou une simple inspiration
du cœur, mais j'ai trouvé cette pensée bien touchante : la jeune Sœur
avait façonné, de ses mains, pour sa famille, une petite représen-
tation de sa cellule, d'un pied environ sur chaque côté. — C'est bien
cela : voilà la religieuse en costume ordinaire ; ici, la rude cou-
che avec sa couverture grise ; là, de l'autre côté, en face, une
petite bibliothèque renfermant quelques livres pieux et les saintes
Règles de l'Ordre ; auprès, une chaise, *qui ne sert pas ;* quelques
images très-communes appendues à la muraille, et une grande
croix se dessinant dans le fond... Tel est l'ameublement des Filles
de sainte Térèse dont plusieurs cependant, on le sait, ont foulé les
tapis moëlleux et habité sous les lambris dorés.

« Vois-tu, bonne mère, c'est *ma* cellule... Emporte-la... Tu pour-
» ras ainsi te représenter comme je suis. » Attention délicate de la
piété filiale qui fut accueillie, je n'essaierai pas de dire avec quel
bonheur ; dernier souvenir laissé à la terre que la bonne mère re-
gardera bien souvent, en effet...

Pendant que nous étions là, dans le petit parloir du couvent, elle,
nous disant son bonheur, nous, l'interrogeant avec avidité, l'écoutant
avec ravissement, M. le Doyen de Saint-André, délégué par Mgr
l'Archevêque de Cambrai, vint s'assurer, encore une fois, que la jeune
novice était entrée au Carmel de son plein gré, et qu'elle n'avait subi
d'autre pression que les inspirations de son cœur et les influences
de la grâce.—Il y a encore de bonnes gens, par le monde, (le nombre
de ces âmes candides et abusées diminue cependant), qui continuent
de croire qu'on enferme parfois, dans le cloître, malgré elles, des
jeunes filles qui ne demanderaient pas mieux de respirer l'air libre,
et de vivre de la vie commune. Qu'on se rassure. L'Eglise, au nom
et place de la société prend ses mesures.

« *D.* — Ma fille, êtes-vous entrée au Carmel, librement, de votre
» propre choix, sous l'inspiration de votre conscience ? »

La réponse fut aussi spontanée qu'il était possible :

« *R.* — Oh ! pour cela, oui. »

« *D.*—Persévérez-vous à vouloir vivre selon les règles du Carmel ?
» — Et croyez-vous que Dieu vous appelle dans cette Religion ? »

« *R.* — Oui, oui. »

Le monde peut être en paix ; il n'y a eu ni pression, ni violence ;
La liberté individuelle a été parfaitement sauvegardée.

Qu'on le sache bien aussi : la famille religieuse prend également ses
mesures pour ne recevoir que des membres dignes d'elle et réellement
envoyées de Dieu. N'est pas Carmélite qui veut. Il faut passer d'abord
par le Postulat, puis le Noviciat, pendant lesquels la vocation est sé-

vèrement éprouvée.—« Si elle n'était sérieuse, providentielle,» nous disait la jeune Sœur, « on ne resterait pas quinze jours dans la maison; » — Non, non , je suis certaine qu'on ne pourrait y rester quinze » jours.» Et après ces deux années d'épreuves victorieusement traversées , tout n'est pas dit. C'est un honneur d'être reçue au nombre des Filles de sainte Térèse, il a fallu le mériter; c'est une grâce aussi, il la faut solliciter. Dans trois différentes assemblées du Conseil, la jeune novice qui aspire à faire Profession , doit humblement supplier les Sœurs de la recevoir dans leur sainte Société. Il y a vote alors pour l'admission ou pour le renvoi. La jeune fille qui ne réunirait pas le nombre de voix suffisant, serait remise *immédiatement* à sa famille.

Nous n'avons pas été témoin , le soir, de la séparation définitive , ni des derniers embrassements en ce monde. Nous comprenons cependant quel dût être le déchirement des cœurs au moment où la porte de clôture s'ouvrit et se referma sur la généreuse chrétienne , pour ne plus s'ouvrir... Mais la foi enfante des prodiges de résignation et d'héroïsme ; et Dieu qui donne aux jeunes filles la pensée de ces douloureux sacrifices , accorde aux pères et aux mères la force pour les accepter.

Comme nous l'avons dit en commençant, c'est le vendredi, 23 avril, qu'eut lieu la cérémonie publique de la prise de voile. Nous ne reviendrons pas sur ce que nous avons dit précédemment : attachons-nous seulement à ce que nous avons remarqué de particulier.

Ce fut encore M. l'abbé Crombé , missionnaire apostolique, qui donna l'Instruction aussitôt après la sainte Messe. Il prit pour sujet : les sacrifices et les joies de l'obéissance absolue. L'obéissance pour la religieuse , est un sacrifice nouveau , perpétuel , et des plus pénibles à la nature ; mais en même temps ce sacrifice donne le bonheur, car il est le principe de la paix avec Dieu et avec soi-même. — Les développements que le prédicateur donna à ces diverses considérations , avec la fermeté de la foi, et l'éloquence du cœur, furent une leçon salutaire pour toute la pieuse assistance, et une immense consolation , nous en sommes sûrs , pour la famille.

Aussitôt après eut lieu la bénédiction du voile et de la couronne, qui avaient été placés sur l'autel , pendant tout le saint Sacrifice : le voile noir signe de pénitence, mais par dessus, la couronne de roses blanches, emblème d'innocence et symbole des noces spirituelles qui vont s'accomplir.

Le clergé s'avança ensuite vers le chœur de clôture pendant que les Filles de sainte Térèse disaient , derrière la grille, ce cantique du Ciel , que les vierges seules doivent dire : « *Amo christum ! Quem cùm amavero casta sum*, etc., » et le psaume, *Exaudiat te Dominus*... Que le Seigneur vous exauce au jour de vos épreuves.

Quand les chants eurent cessé , la jeune religieuse qui était restée agenouillée pendant tout le temps contre la grille, au-dedans de la clôture, se retira un peu en arrière ; et s'étant placée au milieu du chœur, elle psalmodia, seule, d'une voix ferme et douce cette prière :

« Accueillez-moi, Seigneur, selon votre promesse, et je vivrai ;
» Seigneur, ne permettez pas que mon espérance soit confondue. »

C'était le moment solennel. Elle vint aussitôt, empressée et radieuse, se placer à la fenêtre de la grille, par laquelle les religieuses reçoivent la sainte communion pour y prendre le voile des vierges, ce long voile qui sera désormais et pour toute sa vie un mur de séparation...; et elle reçut, en même temps, la glorieuse couronne des nouvelles épouses de Jésus.

« Recevez, lui dit le prêtre, ce voile sacré, symbole de pudeur et » de religion; vous devrez le présenter au tribunal de Notre-Seigneur » pour avoir la vie éternelle et vivre dans les siècles des siècles.»— Et, aussitôt après, il lui donna la bénédiction solennelle au nom des trois Personnes de la sainte Trinité.

« Soyez bénie de Dieu le Père, qui a créé toutes choses au commencement. »

« *Amen,* » répondirent les Sœurs.

«Soyez bénie de Dieu le Fils, descendu du Ciel pour nous sauver, » et qui a voulu mourir pour notre salut. »

« *Amen,* » dirent encore toutes les Filles de sainte Térèse.

« Soyez bénie de l'Esprit-Saint, qui est descendu sur le Christ au » Jourdain, sous la forme d'une colombe. »

Et les Religieuses répétèrent une troisième fois : « *Amen!.* » Qu'il en soit ainsi.

Alors la nouvelle Professe se coucha, les bras étendus en croix, au milieu du chœur de clôture, enveloppée de son long voile noir comme d'un linceul. Au même instant la cloche du couvent s'ébranla et sonna le glas funèbre : c'est l'annonce de la mort. Le monde en effet vient de perdre une âme. Elle n'ira plus jamais à ses divertissements et à ses fêtes, elle en a pris l'engagement solennel : c'en est fait, elle restera étrangère désormais à ses préoccupations, à ses vaines espérances, à ses promesses menteuses ; elle a renoncé à ses affections si pleines de mécomptes : elle ne sera ni épouse, ni mère... elle est morte pour le monde ; elle n'appartiendra plus qu'à Dieu.

Pendant que la cloche continuait ses tintements funèbres, que la jeune vierge semblait reposer dans la mort, que les religieuses ses sœurs l'entouraient avec leurs cierges; pendant que des larmes coulaient silencieusement des yeux, une voix s'éleva... voix étrange, incomprise pour le monde... et elle entonna le *Te Deum.*— O Religion ! Religion ! Que tes enseignements sont sublimes, et comme tes pensées dépassent notre faible compréhension ! Le *Te Deum* devant le lugubre appareil de la mort !.. et cependant tu as raison ! toi seule, tu as le sens surnaturel des choses d'ici-bas.

Oui !... *Te Deum!* Louons Dieu ! Car un beau triomphe vient d'être remporté sur le monde !. une âme a brisé ses liens pour entrer dans la véritable vie!.. C'est une âme sauvée! *Te Deum,* gloire à Dieu.

A la fin de l'hymne triomphal, la Révérende Mère Prieure jeta de l'eau bénite sur la nouvelle religieuse, qui se releva et alla baiser l'autel.

Avant de terminer la cérémonie, M. l'abbé Crombé fit entendre une dernière parole :

« Mon enfant, dit-il, vous voilà contente, heureuse parce que ce
» jour a réalisé toutes vos espérances... Nous aussi nous sommes
» heureux et contents, parce que nous savons qu'en venant demander
» au Carmel d'abriter votre vie, vous n'avez fait que suivre la voix
» du Ciel... Vous n'oublierez pas, mon enfant, votre vénérable père,
» si généreux dans le sacrifice, votre bonne mère, que la foi seule
» peut soutenir en ce moment; vous n'oublierez pas vos frères, votre
» sœur qui eussent été heureux d'assister à cette cérémonie, mais
» que leur devoir retient éloignés ; ni cet éminent magistrat (1) qui
» a voulu donner par sa présence, une marque de sa sympathie pour
» vous et pour votre famille ; ni ces amis qui vous entourent, ni
» moi-même... — Et maintenant, au moment de nous séparer, j'ai
» une grâce encore à vous communiquer. Le premier Pasteur de ce
» diocèse m'a chargé de vous donner, comme témoignage particulier
» de sa bienveillance, à vous mon enfant, et à toutes vos sœurs en
» Jésus-Christ, la bénédiction apostolique.» — Toutes les religieuses
s'agenouillèrent pour recevoir cette précieuse faveur.

Aussitôt après, pour consommer ses noces spirituelles, la nouvelle épouse du Christ vint s'agenouiller à la fenêtre de la grille de clôture, et le prêtre lui apporta Celui pour qui elle avait tout quitté et qui, par un juste retour, sera désormais tout pour elle et tout à elle, Jésus, le bien-aimé, dans la sainte communion.

Les jeunes aveugles de la Sagesse chantèrent un dernier cantique; puis les religieuses se retirèrent lentement, en psalmodiant le psaume, *Misereatur nostri :* « Seigneur, ayez pitié de nous. » La porte du chœur se referma ; tout rentra dans le silence. C'était fini.

Que Dieu donne paix et bonheur aux Filles du Carmel ! et puissent leurs prières et leurs sacrifices être une sauvegarde pour la société.

---

(1) M. le Procureur-Général de la Cour Impériale de Douai.